LOS IN

EL CASO DEL VIRUS VIRULENTO

Illustrations by Phil Velikan

Tom Alsop & Jill Alsop

©2021, Alsop Enterprises

This product is the copyrighted property of Alsop Enterprises. Purchase of this product allows one teacher a single-user license to use in his-her classroom. It is illegal to make multiple copies for an entire school or school district. You may not load or install this book onto a school network or server. You may not sell this book as a publisher without permission of Alsop Enterprises. You can make copies for your students or project the file onto a screen.

Please visit Tom's website to view the teaching services he offers:
www.alsopenterprises.com

You may e-mail Tom Alsop at madridtomindy@gmail.com or text - call him at 317-213-8764.

For information on Tom's Aventura Cultural Summer Immersion Programs for Spanish Teachers please visit: www.worldstrides.com/aventura

Contenido

Acto 1/Escena
Introduction, How to Use .... págs. 4-5
1 Madrid / El Parque del Retiro .... págs. 6-8
2 Madrid / El Museo del Prado .... págs. 9-11
3 Madrid / Metro Sol .... págs. 12-14
4 Madrid / La Plaza de Toros .... págs. 15-17
5 Madrid / Estadio Santiago Bernabéu .... págs. 18-20

Acto 2/Escena
1 Toledo / La Plaza de Zocodover .... págs. 21-23
2 Segovia / Mesón de Cándido .... págs. 24-26
3 Alcalá de Henares/La Universidad de Alcalá ..... págs. 27-29
4 Granada / La Alhambra .... págs. 30-32
5 Barcelona / Las Ramblas .... págs. 33-35

Acto 3/Escena
1 Madrid / La Plaza de Santa Ana .... págs. 36-38
2 Madrid / La Plaza de España .... págs. 39-41
3 Madrid / La Biblioteca Nacional .... págs. 42-44
4 Madrid / La Plaza Mayor .... págs. 45-47
5 Madrid / Atocha .... págs. 48-50
Diccionario .... págs. 51-60
Respuestas .... págs. 60-64

©2021, Alsop Enterprises

Introduction

Los Invencibles, a group of five superheroes, meet in Madrid to find and defeat a sinister group of five evil characters. The evil group, **Los Siniestros**, go by the name of **la Liga Siniestra**. The superheroes belong to **la Liga de Paz**. The superheroes are in Madrid to prevent the **la Liga Siniestra** from unleashing a virus capable of causing severe illness to humans. **Los Siniestros** put the virus at various sites aroud Spain. They hide the virus at the scene hoping that an innocent bystander will find and come in contact with the deadly virus.

Let's meet the characters!

Los Invincibles are human characters who, in stressful situations, defend themselves by changing into animals. **Los Siniestros** are human and their evil powers come from an object they carry or wear.

Los Invencibles/La Liga de Paz

1. **Juanita Jaguar** is from Mexico. Her special powers are her speed and strength.
2. **Catalina Condor** is from Colombia. Her wings are her special power.
3. **Manuel Mono** is from Costa Rica. His special power is his tail.
4. **Carlos Coquí** (a small frog) is from Puerto Rico. His special powers are his melodic, hypnotic voice and his tongue.
5. **Tomás Toro** is from Spain. His special power is his strength.

Los Siniestros/La Liga Siniestra

The evil group, **Los Siniestros**, are from **La Isla Siniestra**, location unknown.

1. **Bárabara Bastón** - Her evil power comes from her cane.
2. **Miguel Móvil** - His evil power comes from his mobile phone.
3. **Paula Paraguas** - Her evil power comes from her umbrella.
4. **Raúl Remoto** - His evil power comes from his remote control.
5. **Adriana Anillo** - Her evil power comes from her ring.

How to Use The Book in Your Classroom

As a Class Reader
- Choose a scene (or scenes) to read with your class.
- Review the vocabulary list at the back of the book with your students before reading.
- Assign parts to different class members.
- Read aloud for comprehension and new vocabulary.
- Encourage dramatic interpretation!
- Review vocabulary after reading aloud in class.
- Keep all in Spanish!

As a Mini-Drama
- Choose a scene (or scenes) to read and perform.
- Read through the scene with your students to review vocabulary. The vocabulary lists begin on page 51.
- After reading the scene, ask your students what props will be required.
- Select the required number of student actors for the scene. Make each group of student actors a team. Be sure each student is on a team as an actor.
- Design simple scenery, costumes and signs. Collect any necessary props.
- For the performances, allow each team to act out the scene(s). They can read their scripts or use cue cards.
- The narrator can stand to the side of the stage for all narrations.
- Digitally record the mini drama and post it on YouTube or Teacher Tube.
- If you have a copy of the pdf, use the pdf with a smartboard, LCD projector or an iPad. The website links are live and you can connect to them via the pdf, if you are online. Each link provides cultural information for the site used in each Escena.
- **Note:** All italicized words in Spanish can be found in the vocabulary list at the back of the book. If you read the book in pdf format on the iPad, you can put the cursor over the italicized word and see all the places where the word is used in the book as well as the definition of the word.

Acto 1 / Escena 1

Madrid / El Parque del Retiro

Juanita Jaguar

Bárbara Bastón

ACTO 1 / Escena 1 / Madrid / El Parque del Retiro
Narrador, Juanita Jaguar, Bárbara Bastón

Narrador: Son las nueve de la mañana. Bárbara *Bastón* llega al parque. Ella *quiere poner* el virus en el parque. Juanita Jaguar está *corriendo* por el parque *haciendo* su ejercicio. Ella recibe una *llamada* en su *móvil* del jefe de la Liga de Paz.

Juanita Jaguar: (*Hablando* al *jefe* en su móvil) Sí, sí, sí, jefe. Voy a *buscar* a Bárbara Bastón *aquí* en el parque. Ella quiere poner el virus en el parque. Jefe, *la veo*. Es ella. Ella tiene *su bastón*. Voy a *seguir*la.

Bárbara Bastón: Ay, ¿dónde *debo esconder este reloj* con el virus? Voy a poner el reloj con el virus aquí *al lado de* la *fuente*.

Juanita Jaguar: Dios mío, ella está poniendo el reloj con el virus al lado de la fuente. *Mire* Ud., *espere*. No *haga* eso.

Bárbara Bastón: ¿Quién es Ud.?

Juanita Jaguar: Soy Juanita Jaguar, de la Liga de Paz.

Bárbara Bastón: ¿Qué *hace* Ud. aquí?

Juanita Jaguar: Estoy aquí para capturarla y *conseguir* el reloj con el virus. Pare, no mueva Ud. ni un *pie*.

Narrador: Bárbara Bastón está furiosa y empieza a *pegar* a Juanita Jaguar con su bastón. Juanita Jaguar está muy *enojada* y se convierte de un ser humano a un jaguar. Los dos *luchan*, ¡WHAMM, KRASH!

Bárbara Bastón: Ay, Juanita Jaguar, *suélteme*. Ud. está *rompiendo* mi *pierna*.

Juanita Jaguar: ¡AAARRRG! No me *pise* Ud. los pies. ¡KWOOM!

Narrador: Un hombre *se acerca* a la fuente. Ve el reloj y va a *recoger* el reloj del lado de la fuente.

Juanita Jaguar: No señor, no *lo toque* Ud. El reloj contiene un virus. Ud. va a *morir* si Ud. toca el reloj.

Narrador: El hombre *para*. *Tiene miedo* y *sale* corriendo del parque. Bárbara Bastón se escapa del parque. Juanita Jaguar *recoge* el reloj con una *garra* y lo pone en un *sobre* negro. Le *envía* un mensaje de texto a su jefe. El texto dice: Jefe, tengo el reloj con el virus. Está en un sobre negro. No tengo a Bárbara Bastón. No estoy contenta. Ella se escapó. *Lo siento.*

Preguntas / Contesta en español.
1. ¿Dónde están Bárbara Bastón y Juanita Jaguar?
2. ¿Quién llama a Juanita Jaguar y qué le *dice* a ella?
3. ¿Qué quiere hacer Bárbara Bastón?
4. ¿Quién llega a la fuente?
5. ¿Por qué está enojada Juanita Jaguar?

Responde en español.
1. *Di* lo que pasa en esta escena.
2. ¿Por qué no está contenta Juanita Jaguar?
3. ¿*Crees* que Juanita Jaguar es *fuerte* e inteligente? ¿Por qué?
4. ¿Quieres ser invencible como Juanita Jaguar? ¿Por qué?

Acto 1 / Escena 2

Madrid / El Museo del Prado

Miguel Móvil

Catalina Cóndor

ACTO 1 / Escena 2 / Madrid / El Museo del Prado
Narrador, Jefe, Catalina Condor, Miguel Móvil

Narrador: Es un día *desagradable* en Madrid con mucha *lluvia*. Son las once de la mañana y Miguel Móvil *llega* al Museo del Prado para *esconder* el virus que está en una *tarjeta* postal. Catalina Cóndor *ya* está *allá* observando *cuadras* de su *pintor* favorito, Diego Velázquez. Catalina recibe un Tuit en su *móvil*.

Jefe de la Liga de Paz: Tengo *noticia* urgente para ti, Catalina. Miguel Móvil de la Liga Siniestra llega *ahora* al museo.

Catalina Cóndor: ¡Ay de mí! *Este* museo es *tan grande*. *¿Cómo* voy a *encontrar* a Miguel en este *lugar*?

Miguel Móvil: Estoy *dentro de* este museo famoso y hay muchos turistas. Ahora, ¿Dónde *debo poner* la tarjeta postal que contiene el virus? Yo *sé*. *Puedo* ponerla en el *marco* de la *pintura* famosísima, **Las Meninas**. Muchas personas pasan y *la* miran.

Catalina Cóndor: ¡*Qué suerte*! Miguel Móvil está *acercándome* ahora. Lleva su móvil. *Oiga*, Miguel, *basta* ya con sus intenciones malas.

Miguel Móvil: ¡Qué *mala* suerte tengo! Catalina, no puedo *creer que* Ud. está aquí *hoy*.

Narrador: Miguel hace "click" con su móvil y le *da* a Catalina una *carga eléctrica* muy *fuerte*. ¡PAFF, PAFF! Catalina quiere *defenderse* y se convierte de un *ser* humano en un cóndor grande con las *alas anchas* y *poderosas*. Catalina ataca a Miguel con *sus* alas.

Catalina Cóndor: *Tome* Ud. *eso* y eso. !WHAMO! !WHAP! Ud. no *debe jugar* conmigo, Miguel. Soy *más fuerte*.

Narrador: Catalina le da unos *golpes* con sus alas. Miguel *deja caer* la tarjeta postal. Catalina *se inclina* y *recoge* la tarjeta postal.

Miguel Móvil: Oh no, tengo *miedo* de Catalina *porque* tiene mucho *poder* ahora. Voy a *dejar* la tarjeta y *correr*. Tenemos más virus pero sólo *hay* un Miguel Móvil. ¡Soy más importante! ¡JA, JA, JA, JA, JA!

Catalina Cóndor: Miguel, Ud. se escapa *esta vez* pero tengo *lo más* importante, el virus.

Narrador: Catalina le *manda* un *Tuit* a su jefe. Dice que *lo bueno* es *que* ella tiene el virus pero *lo malo* es que Miguel Móvil se escapó.

Preguntas / Contesta en español.
1. ¿Qué *tiempo* hace en Madrid?
2. ¿Quién es el pintor favorito de Catalina?
3. ¿Dónde están Catalina y Miguel?
4. ¿Dónde va a poner el virus Miguel?
5. ¿En qué se convierte Catalina?
6. ¿Qué *poder* especial tiene ella?

Responde en español.
1. Di lo que pasa en esta escena.
2. ¿Por qué dice Miguel que tiene mala suerte?
3. ¿Qué le *dice* a su jefe en su Tuit?
4. ¿Quieres ser *tan fuerte como* Catalina? ¿Por qué?
5. ¿Prefieres ser Miguel o Catalina? ¿Por qué?

Acto 1 / Escena 3

Madrid / Metro Sol

Manuel Mono

Paula Paraguas

ACTO 1 / Escena 3 / Madrid / Metro Sol
Narrador, Jefe, Manuel Mono, Paula Paraguas

Narrador: Hoy Paula *Paraguas* está muy *emocionada* porque *toma* el *metro* hasta la Puerta del Sol. *Intenta* poner un virus en el *asiento* de un *coche* de metro en la línea uno, *parada* Sol. El virus está *escondido* en un paquete de *chicle*. *De repente* Manuel *Mono* recibe un texto de su *jefe* en la Liga de Paz.

Jefe: Manuel, *oigo que* Paula Paraguas llega al Metro Sol y *quiere* poner un virus en un coche de metro.

Manuel Mono: Jefe, estoy *comiendo churros* con chocolate en un café *lejos de* la Puerta del Sol. Me voy *ahorita*. *No se preocupe* Ud.

Narrador: Manuel está muy *estresado* pero *se da cuenta de* que puede usar la *cola* para moverse *rápidamente por* la *ciudad*. Se convierte de un *ser* humano en Manuel Mono. *Sale* del café en el Barrio de Chamberí. Usa la cola para *saltar* por las *calles* de *semáforo* a semáforo.

Manuel Mono: ¡WHEE, estoy *volando*! Voy a *llegar* al Metro Sol en tres minutos. ¡Fenomenal! *Espero* que *todavía* esté Paula. *Bajo las escaleras* para *encontrar* un coche de metro.

Paula Paraguas: *Bueno*, llego a Sol en *este* coche del metro y cuando salen los *pasajeros*, puedo *dejar* este paquete de chicle en el asiento. *Seguro* que *alguien* va a *abrir*lo. ¡JA, JA!

Manuel Mono: Llega un tren de metro ahora pero está *al otro lado*. No hay problema. *Como* mono puedo usar la cola para saltar *sobre* los *rieles* del metro.

Paula Paraguas: *Oigo* un *ruido* en el *techo* del coche. ¿Qué puede ser? ¡Ay, no! *Veo* a Manuel Mono de la Liga de Paz.

Necesito trabajar rápidamente. ¡WHEE!

Narrador: Las *puertas* del coche *se abren* y muchos de los pasajeros salen. Manuel entra al coche.

Manuel Mono: Paula, usted no va a *cumplir* su misión. Voy a capturar*la*.

Narrador: Paula abre y *cierra* su paraguas *creando* un *viento* muy *fuerte*. El viento mueve a Manuel *hacia* la puerta. Manuel usa la cola para *agarrar* la *barra* del coche.

Manuel Mono: La cola mía es *más fuerte que* su paraguas, Paula, Ud. no va a ganar. ¡AJA!, tengo aquí en *la mano* el paquete de chicle que contiene el virus.

Paula Paraguas: Sí, Manuel. Ud. tiene el chicle pero Ud. no sabe que *puedo volar* con mi paraguas. !Adiós! ¡CHOOM! (Ella se escapa.)

Preguntas / Contesta en español.
1. ¿Adónde va Paula Paraguas hoy?
2. ¿Qué está comiendo Manuel Mono?
3. ¿Cómo llega Manuel tan rápido al Metro Sol?
4. ¿Dónde va a poner Paula el virus?
5. ¿En qué esconde el virus Paula?
6. ¿Cómo se escapa Paula?

Responde en español.
1. Di lo que pasa en esta escena.
2. ¿Es inteligente Paula? ¿Por qué?
3. ¿Quién tiene el virus?
4. ¿Quién es más fuerte? ¿Por qué?
5. ¿Prefieres ser *como* Manuel? ¿Por qué?

Acto 1 / Escena 4

Madrid / La Plaza de Toros

Tomás Toro

Adriana Anillo

ACTO 1 / Escena 4 / Madrid / La Plaza de Toros
Narrador, Tomás Toro, Adriana Anillo

Narrador: Son las cinco de la tarde. Adriana *Anillo* está *al lado* de la estatua de Yiyo (José Cubero). Ella va a poner una *botellita* de perfume con el virus *cerca de* la estatua enfrente de la Plaza de Toros en Ventas.

Tomás Toro: (*Hablando* al Jefe de la Liga de Paz en su *móvil*). Sí, jefe. *La* veo. Adriana, ¿qué *hace* Ud.?

Adriana Anillo: Quiero ver la *corrida de toros. Empieza* a las siete *de la tarde. Llego temprano* para *comprar* mi *boleto*.

Tomás Toro: ¿Qué *hay* en la botellita?

Adriana Anillo: ¿Quién es Ud.? No hay nada en la botellita.

Tomás Toro: Soy Tomás Toro, de la Liga de Paz. *Pare* Ud.

Adriana Anillo: No voy a parar. Le doy un poco de electricidad de mi anillo. ¡VZATT, VZATT, VZATT!

Narrador: Tómas está furioso. *Cambia de* su forma humana a su forma animal. Ahora es un toro.

Tomás Toro: *Su* electricidad no es muy *fuerte. La* tengo. ¡HWAMM, HWAMM! Mi *poder* es *demasiado* para Ud.

Adriana Anillo: Ay, *suélteme,* Toro. *Quiero salir* de aquí. ¡SHZZZZAP! Este rayo de electriciad es muy fuerte.

Tomás Toro: ¡AARGH, AARGH! *Su* rayo es muy fuerte.

Narrador: Una señora *camina hacia* la botellita de perfume. Tomás Toro *corre* para *conseguir* la botellita. Tomás tiene la botellita. La señora no la tiene. Adriana Anillo sale corriendo de la estatua.

Tomás Toro: Adriana, Ud. se escapa de aquí pero *pronto* voy a capturarla. Soy Tomás Toro y Ud. no tiene suficiente *poder* para *hacerme daño.*

Adriana Anillo: Voy a poner el virus en *otro sitio.* Tenemos *más* virus. Tomás Toro. Ud. nunca va a *encontrar* el virus, ¡JA, JA, JA, JA, JA!

Narrador: Adriana Anillo sale en un taxi. Tomás Toro le *envía* un mensaje de texto a *su* jefe. El texto dice: Jefe, tengo la botellita de perfume con el virus. No tengo Adriana Anillo. Ella me dice que ella va a poner el virus en *otro* sitio. Ella *dice* que *tiene* mucho virus.

Preguntas / Contesta en español.
1. ¿Dónde está Adriána Anillo?
2. ¿Dónde va a poner ella la botellita de virus?
3. ¿Qué *quiere* ver Adriana?
4. ¿Qué le da Adriana Anillo a Tomás Toro?
5. ¿Quién sale corriendo de la estatua?

Responde en español.
1. Di lo que pasa en esta escena.
2. ¿Por qué está *enojado* Tomás Toro?
3. ¿Crees que Adriana Anillo es más inteligente que Tomás Toro? ¿Por qué?
4. ¿Quién es *más fuerte,* Adriana Anillo o Tomás Toro? ¿Por qué?
5. ¿Qué dice el mensaje de texto que le envía Tomás Toro a su jefe?

Acto 1 / Escena 5

Madrid / Estadio Santiago Bernabéu

Carlos Coquí

Raúl Remoto

ACTO 1 / Escena 5 / Madrid / Estadio Santiago Bernabéu
Narrador, Carlos Coquí, Raúl Remoto

Narrador: Es domingo. Carlos *Coquí* quiere *ver* el *partido* de *fútbol*. Hoy *Real Madrid juega contra Barça*. El Jefe de la Liga de Paz *lo* llama. *Le* dice que Raúl Remoto está *enfrente de*l *Estadio* Santiago Bernabéu con el virus.

Carlos Coquí: (Carlos *ve* a Raúl Remoto.) ¡Raúl, Raúl RRRREMOTO! Quiero hablar con Ud.

Raúl Remoto: Carlos Coquí, *el famoso*. ¿Qué quiere Ud.?

Carlos Coquí: *Veo que* Ud. *trae* un *tubo* de gel antibacterial para las manos. Quiero el gel con el virus.

Raúl Remoto: Ud. no puede tener el gel con el virus. *Lo siento*. Ud. no puede moverse porque mi control remoto le *echa* un *sonido* láser para paralizar*lo*.

Carlos Coquí: ¡AAAAARRGH! No puedo moverme pero puedo usar mi *lengua* para atacarlo.

Narrador: Carlos Coquí está furioso. Cambia de su forma humana a su forma animal. Ahora es una *rana*.

Raúl Remoto: ¡FWAP! *Su* lengua está en mi control remoto. Mi control remoto *ya* no funciona.

Carlos Coquí: *Déme* Ud. el gel con el virus. Ud. no va a atacar a la *gente* en el partido de fútbol con el virus.

Raúl Remoto: Mi control remoto no funciona muy bien. Me voy. Adiós Carlos Coquí. Vamos a vernos en *otro* sitio.

Carlos Coquí: Quiero el gel con el virus. *Pare* Ud.

Raúl Remoto: No voy a parar. Mi control remoto ya me *hace* invisible.¡VZZZAT! ¡SHZZZZAP!

Carlos Coquí: ¡BRAKKA! Raúl Remoto *desapareció*. No lo

veo *en ninguna parte*.

Raúl Remoto: Raúl, Ud. se escapa de aquí pero pronto voy a capturarlo. Soy Carlos Coquí y Ud. no tiene suficiente *poder* para *dañar*me.

Narrador: Raúl Remoto *todavía* tiene el gel con el virus pero no va a *volver* al Estadio Santiago Bernabéu porque Carlos Coquí va a estar en el estadio. Carlos llama al Jefe de la Liga de Paz y le dice que Raúl Remoto *salió* con el gel y el virus.

Preguntas / Contesta en español.
1. ¿Qué quiere ver Carlos Coquí?
2. ¿Qué *equipos* juegan hoy?
3. ¿Con quién quiere hablar Carlos Coquí?
4. ¿Qué trae Raúl Remoto?
5. ¿Qué le echa Raúl Remoto a Carlos Coquí?

Responde en español.
1. Di lo que pasa en esta escena.
2. ¿Qué usa Carlos Coquí para atacar a Raúl Remoto?
3. ¿Cómo se escapa Raúl Remoto?
4. ¿Quién tiene el gel con el virus *al fin* de la escena?
5. ¿Qué hacen todos al final?

Acto 2 / Escena 1

Toledo / La Plaza de Zocodover

Juanita Jaguar

Miguel Móvil

Acto 2 / Escena 1 / Toledo / La Plaza de Zocodover
Narrador, Jefe, Juanita Jaguar, Miguel Móvil

Narrador: Estamos en Toledo, España. Es sábado y Juanita Jaguar decide visitar este *bello* pueblo para escaparse de todo el *ruido* y tráfico en la capital de Madrid. Está *tomando* un refresco en la Plaza de Zocodover en McDonald's. Recibe una *llamada* telefónica de su Jefe en la Liga de Paz.

Jefe: Oye, Juanita, Miguel *Móvil llega* hoy en Toledo para *buscar* un *lugar* donde puede *esconder* el virus. Necesitas *encontrar*lo y *parar*lo. Miguel *lleva* una *corbata* amarilla y tiene un *tatuaje* en el *cuello*.

Juanita Jaguar: Sí, Jefe. Estoy en la Plaza de Zocodover y puedo *ver* a *los que* pasan *por aquí*.

Miguel Móvil: Estoy *perdido* con todas las calles *estrechas* y *oscuras* que hay en Toledo. Voy a usar un App en mi móvil para ver la ruta a McDonald's en la Plaza de Zocodover.

Juanita Jaguar: Veo a un hombre *llevando* una corbata amarilla.

Miguel Móvil: Llego a la Plaza de Zocodover. Pienso poner una *servilleta* con el virus en una *mesa* en McDonald's. *Claro que* muchos comen y toman *refrescos* aquí. *Me siento* en esta mesa al *aire libre*.

Juanita Jaguar: *Ese* señor que *se sentó* en la mesa lleva una corbata amarilla pero no estoy *segura* si es Miguel Móvil. Uso mis *prismáticos* para mirar *su* cuello. Veo un tatuaje en su cuello. ¡*Seguro que* es Miguel!

Narrador: Juanita se convierte de un *ser* humano a un jaguar. *Salta* de mesa a mesa hasta llegar al centro de la mesa de Miguel.

Miguel Móvil: ¡Ay, *qué susto* Ud. me *dio*, Juanita Jaguar! Me *da* mucho *gusto* ver*la* en Toledo.

Juanita Jaguar: ¡GRRR!, *no se burle* usted de mí. No es nada cómico. ¡SLAMM, SLAMM, SLAMM!

Narrador: Miguel toma su móvil e *intenta* darle a Juanita una *carga* eléctrica pero *con mucha rápidez* Juanita *toca* la mano *izquierda* de Miguel con su *pata*. El móvil de Miguel *cae* al *suelo*. Con otra pata Juanita *toma* la servilleta con el virus de la mano derecha de Miguel.

Miguel Móvil: Usted es muy *feroz* y *poderosa*. El *brazo* está *sangrando*. ¡PLAF, PLAF, PLAF! Necesito encontrar una clínica. Voy a *regresar*, Juanita, se lo *juro*. ¡VZATT!

Juanita Jaguar: Miguel, no tengo *miedo*. ¡*Viva* la Liga de Paz!

Preguntas / Contesta en español.
1. ¿Dónde están Juanita Jaguar y Miguel Móvil?
2. ¿Qué tiene Miguel en el cuello?
3. ¿Por qué está perdido Miguel?
4. ¿Qué va a usar Miguel para ver la ruta a McDonald's?
5. ¿ Por qué está sangrando Miguel?

Responde en español.
1. Di lo que pasa en esta escena.
2. ¿De qué color es la corbata de Miguel?
3. ¿Qué intenta hacer Miguel con su móvil?
4. ¿Te gustan los tatuajes? ¿Por qué?

Acto 2 / Escena 2

Catalina Cóndor

Raúl Remoto

ACTO 2 / Escena 2 / Segovia / Mesón de Cándido
Narrador, Catalina Cóndor, Raúl Remoto

Narrador: Son las dos de la tarde. El *jefe* llama a Catalina Cóndor. Le dice a ella que Raúl Remoto, *vestido de camarero*, trabaja en el restaurante famoso, *Mesón* de Cándido. El restaurante está *al lado del acueducto* de Segovia.

Jefe: Catalina, Raúl Remoto está vestido de camarero. *Lleva* una *pajarita rosada*. Va a poner el virus virulento en un *sobre* blanco *debajo de* una *mesa* en el Mesón de Cándido.

Catalina Cóndor: *Lo* veo, jefe. Está trabajando *afuera* donde hay mesas porque hace mucho calor hoy.

Raúl Remoto: ¿Quién es Ud.? ¿Quiere Ud. *probar* nuestro *cochinillo asado*?

Catalina Cóndor: Hombre, no tengo *hambre*. ¿Dónde está el virus?

Raúl Remoto: Ay, Ud. es Catalina Cóndor. No *la* conozco porque Ud. está en forma humana.

Narrador: Catalina *se enoja* con Raúl Remoto. Se convierte en un cóndor. Ella *empieza* a *volar* muy rápido.

Catalina Cóndor: El *poder* de su control remoto no es nada *contra* mi *velocidad*. SHZZZWHAM! *Lo* ataco con mis *alas fuertes*. ¡*Tome* Ud. eso, Raúl Remoto! Soy muy fuerte!

Raúl Remoto: Ay, *suélteme*, Catalina. Quiero *salir* de aquí. ¡KZZZZAAAAP! Esta *carga* eléctrica va a parar*la*.

Catalina Cóndor: Su carga es muy fuerte pero Ud. no puede *parar*me. ¡THUP, THUP, THUP!

Raúl Remoto: Catalina, estoy escapándome de Ud. Ud. nunca va a *encontrar* el virus. Ud. no *sabe* dónde está el virus.

Catalina Cóndor: Voy a encontrar el virus. *Sé* que el virus está debajo de una mesa.

Narrador: Catalina *busca* y busca el virus. *Por fin* ella *ve* un *sobre* blanco debajo de una mesa que está *cerca de*l acueducto.

Catalina Cóndor: ¡AAAAH, CHNKTT! Tengo el sobre con el virus pero Raúl Remoto *ya* no está. *Se ha escapado* de *aquí*. La Liga Siniestra no *para*. Tenemos que capturar*la*.

Preguntas / Contesta en español.
1. ¿Qué hora es?
2. ¿Dónde trabaja Raúl Remoto? ¿Qué *hace*?
3. ¿De qué color es la pajarita de Raúl Remoto?
4. ¿Con qué ataca Catalina Cóndor a Raúl Remoto?
5. ¿Encuentra Catalina Cóndor el virus virulento? ¿Dónde?
6. ¿Quién se ha escapado?
7. ¿Qué grupo quiere capturar Catalina Cóndor?

Responde en español.
1. Di lo que pasa en esta escena.
2. ¿Cómo ataca Raúl Remoto a Catalina Cóndor?
3. ¿Crees que Catalina es más fuerte que Raúl? ¿Por qué?
4. ¿Por qué busca Catalina Cóndor el virus?
5. ¿Por qué necesitan los Invincibles capturar a los de la Liga Siniestra?

Acto 2 / Escena 3

La Universidad de Alcalá

Manuel Mono

Adriana Anillo

ACTO 2 / Escena 3 / Alcalá de Henares/ La Universidad de Alcalá
Narrador, Manuel Mono y Adriana Anillo

Narrador: Es un domingo de *verano* en Alcalá de Henares. Son las doce de la tarde. Adriana Anillo *acaba de llegar* a la Universidad de Alcalá. Muchos turistas están para *hacer un recorrido* por la universidad. Manuel *Mono* recibe un *mensaje* de texto de su jefe.

Jefe de La Liga de Paz: Manuel, Adriana *Anillo* está en la Universidad de Alcalá. Va a *esconder* el virus en el *salón* donde *dan* los *Premios Cervantinos*.

Manuel Mono: *Ya* me voy a *ese* salón. (En el Salón) No *la* veo. ¿Dónde *estará* Adriana Anillo? ¡*Allí* está!

Adriana Anillo: Dios mío, allí está Manuel Mono. Va a *encontrar* el virus que está *debajo de*l *asiento* dónde estoy.

Manuel Mono: *Párese*, Adriana. ¿Dónde está el virus?

Adriana Anillo: No voy a decir*le* nada, Manuel Mono.

Manuel Mono: Voy a *revisar cada asiento* en Fila B. A ver, no hay nada en Asiento 1. No hay nada en Asiento 2.

Adriana Anillo: ¡Ud. nunca va a encontrar el virus, ¡JE, JE, JE, JE, JE!

Manuel Mono: Voy a *Fila* C. ¡AJÁ, aquí está el virus en Asiento 8! ¡Está en un *bolígrafo*!

Adriana Anillo: ¡ZAP, ZAP, ZAP! *Tome* Ud. eso. ¡KRUNK, KRUNK! ¡Mi anillo es eléctrico!

Manuel Mono: Mi *cola* es muy fuerte. ¡HWAMM! *Ahora* Ud. no *puede* moverse. Mi cola *la* tiene *atrapada*.

Adriana Anillo: ¡SLAMM! Ud. no puede tener el virus. Ya lo tengo.

Manuel Mono: ¡Párese!

Narrador: Adriana Anillo se escapa de Manuel Mono. Ella tiene el virus.

Adriana Anillo: Manuel Mono, Ud. no es muy inteligente. Yo soy *más* inteligente *que* Ud.

Narrador: Manuel Mono le *manda* un mensaje de texto a su jefe. Le dice que Adriana tiene el virus pero no *pudo* usarlo en la Universidad de Alcalá.

Preguntas / Contesta en español.
1. ¿Dónde están Manuel Mono y Adriana Anillo?
2. ¿Qué le dice el Jefe de la Liga de Paz a Manuel Mono en su mensaje de texto?
3. ¿Dónde esconde el virus Adriana Anillo?
4. ¿Dónde *encuentra* Manuel Mono el virus?
5. ¿Quién se escapa con el virus?

Responde en español.
1. Di lo que pasa en esta escena.
2. ¿Por qué no puede moverse Adriana Anillo?
3. ¿Crees que Adriana Anillo es más inteligente que Manuel Mono? ¿Por qué?
4. ¿*Piensas* que Adriana Anillo va a esconder el virus en *otro lugar*? ¿Por qué?
5. ¿*Quieres* ser el Jefe de la Liga de Paz? ¿Por qué?

Acto 2 / Escena 4

Granada / La Alhambra

Tomás Toro

Paula Paraguas

Acto 2 / Escena 4 / Granada / La Alhambra
Narrador, Tomás Toro, Paula Paraguas

Narrador: Paula *Paraguas* está en Granada en el *sur* de España. Ella *piensa que* la famosa Alhambra, palacio y *fortaleza* de los moros, es un sitio perfecto para *esconder* el virus. Muchos turistas visitan la Alhambra *cada* día y el Patio de los Leones es un patio muy popular. El jefe de la Liga de Paz *manda* un *Tuit* a Tomás *Toro* para *avisarlo*.

Tomás Toro: ¡Ay! Paula está en Granada. Necesito ir a la Alhambra lo más pronto posible.

Paula Paraguas: Esta ciudad de Granada es impresionante. Ahora voy a la Alhambra para dejar *estas llaves* con el virus en el Patio de los Leones. Hay *tanta gente* y la *cola* para entrar es muy *larga*. Estoy contento porque *compré* este libro de *historietas*. Puedo *leer*lo *mientras espero*.

Tomás Toro: *Cuánta suerte* que *conozco* a alguien que trabaja en la *venta* de *boletos* y me permite entrar. Me pongo aquí en la *entrada* y espero *ver* a Paula Paraguas cuando entre. Allí está. *Debo seguir*la para ver dónde va a *poner* el virus.

Narrador: Tomás *sigue* a Paula. Ella *camina por* la Alhambra. Cuando ella llega al Patio de los Leones, *abre* su *bolso*.

Tomás Toro: Paula está *buscando* algo en su bolso. *Puede* ser el virus.

Narrador: Tomás se convierte en un toro para tener el *poder* de conquistar a Paula. *Se pone al lado de* una estatua de un *león* y se queda *inmóvil* observándola.

Paula Paraguas: Tengo las llaves con el virus y ahora lo pongo en este león.

Narrador: Tomás observa a Paula con las llaves en la mano y cuando ella *se acerca a*l león, Tomás ataca.

Tomás: Toro ¡GRRR, GRRR, OLÉ, Catalina! Es la *hora de la verdad* y el *poder* de este animal va a dominar la inteligencia de un ser humano. ¡ESTOMP, ESTOMP!

Narrador: Tomás *toca* la *tierra* con la *pata*, *baja* la *cabeza* y *cornea* la mano de Paula que *contiene* el virus. Las llaves *caen* al *suelo* y Tomás *toma* las llaves en una pata. Paula *trata de golpear* a Tomás con su paraguas pero no *sirve contra* el toro *poderoso*.

Paula Paraguas: ¡No puedo *creer*lo! *Perdí otra vez*. Estoy *deprimida*. ¡Me voy! ¡AAAAARRGH!

Preguntas / Contesta en español.
1. ¿Dónde *toma lugar* este episodio?
2. ¿Qué es La Alhambra?
3. ¿Qué le manda el Jefe de La Liga de Paz a Tomás Toro?
4. ¿Qué lee Paula cuando espera entrar en la Alhambra?
5. ¿Cómo *consigue* Tomás el virus?
6. ¿En que *esconde* el virus Paula?

Responde en español.
1. Di los que pasa en esta escena.
2. ¿Dónde escondió Paula el virus?
3. ¿Por qué tiene suerte Tomás?
4. ¿Es muy fuerte Tomás? ¿Quieres ser *fuerte* como Tomás?

Acto 2 / Escena 5

Barcelona / Las Ramblas

Carlos Coquí

Bárbara Bastón

Acto 2 / Escena 5 / Barcelona / Las Ramblas
Narrador, Jefe, Carlos Coquí, Bárbara Bastón

Narrador: Carlos *Coquí* está tan contento de estar en la *ciudad* de Barcelona. Tiene *boletos* para ver el *partido de fútbol* de Barça. Carlos es muy *aficionado* al fútbol y lo *jugaba de joven*. El Jefe de la Liga de Paz lo llama por su móvil.

Jefe: Hola, Carlos. *Lo llamo* con noticia importante. Bárbara *Bastón*, de la Liga Siniestra, *llega* hoy a Barcelona. *Pensamos* que va a visitar las *Ramblas*. Tu misión es *encontrar*la y el virus *también*. Buena *suerte*.

Carlos Coquí: Sí, Jefe, *entiendo*.

Bárbara Bastón: *Esta* ciudad es impresionante y activa. La arquitectura de Antoni Gaudí es una maravilla. Ahora voy a *tomar el metro hasta* la *parada* Catalunya. Las Ramblas están cerca.

Carlos Coquí: Aquí estoy en el metro *casi* a la parada Catalunya. ¿A quién veo? Veo a una *mujer llevando* un bastón. ¡Es Bárbara Bastón!

Narrador: Carlos se convierte en coquí y *empieza a cantar* una *canción* muy hipnótica. CO-CO-RI-QUÍ, CO-CO-RI-QUÍ. Bárbara empieza a *dormirse*.

Bárbara Bastón: ¿Qué está pasándome? ¿Por qué tengo *tanto sueño*? *Dormí* ocho horas *anoche*. Ay, *veo* a Carlos Coquí y está *cantando* una de sus melodías. *Basta*, Carlos, Ud. no va a *engañar*me.

Narrador: Bárbara toma su bastón y *lo golpea fuertemente* a Carlos. ¡PAFF, PAFF! Carlos *cae* al *suelo perdiendo* conocimiento. Bárbara se escapa *rápidamente* del *coche* metro *subiendo* las *escaleras* a las Ramblas.

Bárbara Bastón: ¡*Qué* bien que puedo ponerme con *toda la* *gente* aquí y *evitar* la policía!

Carlos Coquí: ¡UFF, qué *dolor de cabeza* tengo! Bárbara me *sorprendió* con su bastón. Puedo seguirla y *esperar* encontrarla en Las Ramblas.

Bárbara Bastón: Voy a *comprarme* una botella de agua y poner el virus *dentro de* la botella. Entonces, *la* voy a *dejar* en *ese puesto* de *flores*.

Carlos Coquí: ¿Adónde *fue* Bárbara? ¡AJÁ! La veo en el puesto de flores. *Salto* en las flores para *esconderme*. Ahora canto *otra vez*. CO-CO-RI-QUÍ, CO-CO-RI-QUÍ.

Bárbara Bastón: Pongo la botella de agua aquí *cerca de* este *ramo* de flores. Otra vez *me siento tan cansada*. *Quizás esté* enferma. ¡AGH! La botella *se cayó* al *suelo*. ¿Qué *saltó* de las flores? ¡Ay de mí! Es Carlos Coquí. *Me voy*. No quiero ser capturada. ¡WHAP, WHAP!

Carlos Coquí: *A lo menos* tengo el virus en esta botella y puedo *salvar* a la *gente* de Barcelona. También puedo ver el partido de fútbol esta noche. ¡*Viva* Barca!

Preguntas / Contesta en español.
1. ¿A qué deporte es muy aficionado Carlos Coquí?
2. ¿Quién es el arquitecto famoso de Barcelona?
3. ¿Qué poder usó Carlos para *engañar* a Bárbara?
4. ¿En qué *escondió* el virus Bárbara Bastón?

Responde en español.
1. Di lo que pasa en esta escena.
2. ¿Adónde va Bárbara en el metro?
3. ¿Por qué tiene sueño Bárbara?
4. ¿Te gusta cantar?

Acto 3 / Escena 1

Madrid / La Plaza de Santa Ana

Raúl Remoto

Juanita Jaguar

ACTO 3 / Escena 1 / Madrid / La Plaza de Santa Ana
Narrador, Juanita Jaguar, Raúl Remoto

Narrador: Es el mes de julio. Hace mucho calor en Madrid. Juanita Jaguar está *caminando* por la *Calle* de las Huertas en el *Barrio* de las *Letras*. Ella recibe una *llamada* en su móvil del Jefe de la Liga de Paz. Le dice a Juanita que Raúl Remoto está en La Plaza de Santa Ana *para poner* el virus en un *lugar* secreto.

Jefe de La Liga de Paz: Juanita, escucha. Raúl Remoto está en la Plaza de Santa Ana para *esconder* el virus. ¡Mucho cuidado!

Juanita Jaguar: *Ya* me voy, Jefe. Estoy muy *cerca. Allí* está la *Plaza* de Santa Ana. *Veo* a Raúl Remoto. Está cerca de la estatua de Calderón de la Barca, un gran *escritor* español.

Raúl Remoto: ¡Ay, aquí viene Juanita Jaguar! Buenos días, Juanita. ¿Por qué está Ud. aquí en la Plaza de Santa Ana?

Juanita Jaguar: *Sé* que Ud. *ha escondido* el virus aquí. ¿Dónde está el virus, *enemigo*?

Raúl Remoto: Yo sé dónde está pero no voy a *decírselo a Ud.*

Juanita Jaguar: Aquí está el virus *entre* las páginas de este libro, **La vida es sueño**. Está *al lado de* la estatua de Calderón de la Barca.

Raúl Remoto: ¡VZAAT! Es un rayo de mi control remoto. Ahora Ud. está paralizada. ¡SHZZZWHAM!

Juanita Jaguar: No estoy paralizada. Corro muy rápido. Su rayo no me paralizó. Soy mucho más fuerte que Ud. Ya lo (you) tengo. Ud. no puede moverse. ¡KRASH, KRASH!

Raúl Remoto: ¡SHZZZZAP! Ahora puedo moverme. Me voy pero *vuelvo otro* día para esconder el virus en otro lugar.

Narrador: Raúl se escapa de Juanita Jaguar. Él tiene el libro con el virus. Raúl Remoto va a esconder el virus en otro sitio. Juanita *grita* en voz alta.

Juanita Jaguar: Raúl, con Calderón de la Barca *como* mi *testigo, le juro que* voy a capturar*lo*. *Luego* Ud. no puede esconder más el virus.

Preguntas / Contesta en español.
1. ¿Dónde está caminando Juanita Jaguar?
2. ¿Dónde está Raúl Remoto?
3. ¿Dónde esconde el virus Raúl Remoto?
4. ¿En qué esconde Raúl Remoto el virus?
5. ¿Se escapa Raúl Remoto de Juanita Jaguar?

Responde en español.
1. Di lo que pasa en esta escena.
2. ¿Por qué no está paralizada Juanita Jaguar?
3. ¿Qué arma usaría Ud. contra Raúl Remoto?
4. ¿Quieres ayudar a Juanita Jaguar a *encontrar* el virus? ¿Por qué?
5. ¿Puedes hablar con Raúl Remoto *por* el móvil? ¿Por qué?

Acto 3 / Escena 2

Madrid / La Plaza de España

Catalina Cóndor

Miguel Móvil

Acto 3 / Escena 2 / Madrid / La Plaza de España
Narrador, Jefe, Catalina Cóndor, Miguel Móvil

Narrador: Catalina Condor *sale* del *metro en la* Plaza de España en Madrid y camina *hacia* el Palacio Real. Ella *quiere ver* este palacio en donde los reyes *vivieron hace muchos años*. Recibe un texto del jefe de la Liga de Paz.

Jefe: Oye, Catalina, Miguel Móvil *llega dentro de* una hora a la Plaza de España para *dejar* el virus. *Debes* ir y *esperar* a Miguel. Miguel *lleva vaqueros* y una *camiseta* con un *dibujo* de Tomás el Tren.

Catalina Cóndor: *Puedo volar* hasta la Plaza de España y *sentarme encima de* la estatua de Miguel de Cervantes. *Desde allí* puedo ver toda la plaza; el *estanque*, el jardín y las estatuas de Don Quijote y Sancho Panza. Me convierto en cóndor ahora. ¡WHOOSH! *Me pongo* en el aire para volar.

Miguel Móvil: *Espero* esconder el virus. *Pienso poner*lo en la estatua de Don Quijote. Tengo el virus escondido en este plano de metro que voy a dejar a los pies de Rocinante, el caballo de Don Quijote. También *estoy llevando* mi móvil.

Catalina Cóndor: ¡*Qué vista* tengo de la estatua de Cervantes! ¡Es él! *Está llevando gafas del sol* y tiene un móvil en la mano. Veo su camiseta con la imagen de Tomás el Tren.

Miguel Móvil: ¡*Cuánta suerte* que no hay nadie aquí! Es la hora de comer. Son las dos de la tarde. Pongo el plano del metro con el virus a los pies del caballo de Don Quijote.

Narrador: Catalina está *volando* hacia Miguel.

Catalina Cóndor: Aquí *vengo*, Miguel. Nunca puede destruir el *mundo mientras* vivo yo. ¡POW! ¡SMAK!

Miguel Móvil: UFF, usted no puede resistir mi móvil. *Tome* Ud. *eso*, mi enemiga *emplumada*. ¡SHZZZAP, SHZZZAP!

Narrador: El móvil emite *luces* de láser a los ojos de Catalina.

Catalina Cóndor: ¡AARGH, no puedo ver! Me estoy *cayendo al suelo*.
Miguel Móvil: Voy a darle una *patada* a su *ala*. ¡ESTOMP!
Catalina Cóndor: Tengo otra ala que me sirve bien.
Narrador: Catalina *aprieta* la mano de Miguel que tiene el plano de metro y el virus *cae* al estanque.
Miguel Móvil: Ahora el virus está en el agua. Ud. *perdió*, Catalina. ¡KRANK, KRANK!
Narrador: Miguel sale *corriendo*. Catalina llama a la policía de Madrid. Ellos llegan y *ponen* algunas sustancias químicas en el agua para purificarla y *matar* el virus.
Catalina Cóndor: Miguel no *sabe* que no *ganó*. ¡Otra vez La Liga de Paz *gana*!

Preguntas / Contesta en español.
1. ¿Adónde debe ir Catalina Cóndor?
2. ¿Dónde va a poner Miguel el virus?
3. ¿Qué lleva Miguel hoy?
4. ¿Dónde espera Catalina la llegada de Miguel a la Plaza de España.
5. ¿*Tiene éxito* Miguel Móvil en destruir el mundo? ¿Por qué?

Responde en español.
1. Di lo que pasa en esta escena.
2. ¿En qué ciudad está Catalina?
3. ¿Por qué no hay gente en la Plaza de España?
4. ¿Emite tu móvil luces de láser?
5. ¿Qué puede *hacer* tu móvil?

Acto 3 / Escena 3

Madrid / La Biblioteca Nacional

Manuel Mono

Paula Paraguas

ACTO 3 / Escena 3 / La Biblioteca Nacional
Narrador, Manuel Mono, Paula Paraguas

Narrador: Es un día *fresco* del otoño. Mucha *gente* está visitando la *Biblioteca* Nacional. Muchos *paran* para admirar la estatua de Miguel de Cervantes, autor de la novela famosa **El Quijote**. Manuel *Mono* recibe un mensaje de texto del Jefe de La Liga de Paz.

Jefe de La Liga de Paz: ¿Dónde estás, Manuel? Paula *Paraguas* está *enfrente de* la Biblioteca Nacional. No sabemos dónde ella va a *esconder* el virus.

Narrador: Manuel le *contesta* y le dice que está a una *manzana* de la Biblioteca Nacional. Manuel va *corriendo hacia* la biblioteca.

Manuel Mono: Paula es *peligrosa*. Ella quiere usar el virus y *hacer daño* a mucha gente. ¿Dónde va a esconder el virus? Aquí estoy. Voy a *buscar* el virus. No está en la estatua de Alfonso *Décimo*. ¿Dónde está el virus?

Paula Paraguas: Manuel Mono Ud. no va a *encontrar* el virus. Soy más inteligente *que* Ud.

Manuel Mono: ¡AJÁ! *Veo* el virus. Está en un *cuaderno* al lado de la estatua de Miguel de Cervantes.

Paula Paraguas: ¡KRANK, KRANK! *Déme* Ud. el virus. Mi *paraguas* es muy fuerte.

Manuel Mono: ¡THUP, THUP! Mi *cola* es *más fuerte*. Ahora Ud. está *atrapada* en la cola. Ud. no puede escaparse.

Paula Paraguas: ¡BRAKKA, BRAKKA! Puedo moverme. Mi paraguas es muy fuerte, Manuel Mono.

Manuel Mono: Paula Paraguas se está escapando. Ella está *volando* con su paraguas. No puedo capturar*la*. Ella tiene el cuaderno con el virus.

Paula Paraguas: Manuel Mono, tengo el virus. Voy a esconderlo en otra parte de Madrid. Soy muy fuerte e inteligente. ¡Soy su enemiga, soy Paula Paraguas!

Preguntas / Contesta en español.
1. ¿Cómo es el día?
2. ¿Qué *lugar* está visitando mucha gente?
3. ¿Dónde está Paula Paraguas?
4. ¿Dónde esconde Paula el virus?
5. ¿Se escapa Paula Paraguas? ¿Tiene ella el virus?

Responde en español.
1. Di lo que pasa en esta escena.
2. ¿Puede volar Paula con su paraguas?
3. ¿Por qué es peligrosa Paula Paraguas?
4. ¿Te gusta Manuel Mono? ¿Por qué?
5. ¿Te gusta más Manuel Mono o Paula Paraguas? ¿Por qué?

Acto 3 / Escena 4

Madrid / La Plaza Mayor

Tomás Toro

Bárbara Bastón

Acto 3 / Escena 4 / La Plaza Mayor
Narrador, Jefe, Tomás Toro, Bárbara Bastón, Anciano

Narrador: *Hoy* Tomás Toro está visitando la famosa *Plaza Mayor* en Madrid, España. *Hace muchos años* que las *corridas de toros tomaron lugar* en *esa misma* plaza. *De repente,* Tomás recibe un Tuit del Jefe de la Liga de Paz.

Jefe: *Oye* Tomás, Bárbara Bastón *llega* a Madrid *hoy*. Tenemos *informantes* que nos dicen que ella *piensa* ir a la Plaza Mayor. *¡Ten cuidado!* Su *bastón* es muy *poderoso*.

Tomás Toro: ¡Qué *grande* y *antigua* es la Plaza Mayor! La estatua de Felipe III en el centro de la plaza es impresionante.

Bárbara Bastón: *Aquí* estoy en la Plaza Mayor. Con *toda* la *gente* y acción que *hay* aquí, *puede* ser *más fácil poner* el virus al pie de la estatua de Felipe III. *Pienso esconder* el virus en una *cartera* y *dejarla* en la estatua. *Claro que* alguien va a *recoger*la y *abrir*la. ¡JA, JA, JA!

Tomás Toro: ¡AJA! Pienso *que esa señora acercándose a* la estatua es Bárbara Bastón. Yo la *sigo*. Hay *tanta* gente. No puedo *ver*la ahora. ¿Dónde está? ¡Ay de mí!

Bárbara Bastón: Es difícil acercarme a la estatua de Felipe con tanta gente. UFF, permíteme pasar, por favor.

Tomás Toro: *¡Qué suerte!* La veo allí enfrente de la estatua.

Narrador: Tomás se convierte en un toro y *corre* rápidamente *hacia* la estatua de Felipe III.

Un anciano: *¡Cuidado,* hay un toro que *anda suelto por* la plaza!

Tomás Toro: Le *doy* un *golpe* a Bárbara. ¡KRASH! Ella *se cae* al *suelo*.

Bárbara Bastón: *Tomo* mi bastón y le doy un golpe *sobre* la cabeza de Tomás. ¡CHNKTT!

Narrador: Ellos *siguen peleando*. Los turistas *los miran como si estuvieran* en una corrida de toros. Tomás *sigue* atacando con sus *cuernos peligrosos* y Bárbara sigue usando su bastón como si *fuera* el *estoque* de un *matador*.

Bárbara Bastón: Voy a tomar la cartera de mi *bolso* y ponerla en la estatua. ¡PAF, PAF!

Narrador: Con su *cola* Tomás *golpea* la mano con la cartera y la cartera cae al suelo. ¡WHAMM, WHAMM!

Bárbara Bastón: *Bueno*, Tomás. Ud. gana hoy con todos gritando "olé". Otro día *será* diferente.

Preguntas / Contesta en español.
1. ¿Dónde está la Plaza Mayor?
2. ¿Hace muchos años qué tomaron lugar en la Plaza Mayor?
3. ¿De quién es la estatua en el centro de la plaza?
4. ¿Por qué va a ser más fácil esconder el virus?
5. ¿En qué esconde el virus Bárbara?

Responde en español.
1. Di lo que pasa en esta escenap.
2. ¿Por qué se cae la cartera al suelo?
3. ¿Cómo *se comportan* los turistas?
4. ¿*Conoces* a alguien que usa un bastón? ¿Quién?
5. ¿Te *gustaría* tener un bastón con *poderes* mágicos?

Enlace/Sitio web:

Acto 3 / Escena 5

Madrid / Atocha

ACTO 3 / Escena 5 / Madrid / Atocha
Narrador, Jefe, 5 personajes-Los Invencibles, 5 personajes-La Liga Siniestra

Narrador: Es el seis de julio. Muchos *viajeros* están en Atocha, una *estación* de tren. El Jefe de la Liga de Paz llama a los Invencibles *por* el móvil. Es una *llamada de conferencia*.

Jefe de La Liga de Paz: Mis amigos *valerosos*, los Invencibles, los cinco miembros de la Liga Siniestra van a *esconder* el virus en una *maleta grande* en Atocha. Es el *último* virus que hay. Tenemos que *parar*los. Dicen que hay un *código* especial para abrir la maleta.

Juanita Jaguar: Jefe, Los Invencibles, vamos al Monumento del Viajero en Atocha. Hay unas esculturas de maletas. Ay, *veo* a Bárbara Bástón *al lado de*l Monumento del Viajero.

Bárbara Bastón: Invencibles, ¿qué *buscan* Uds.?

Catalina Cóndor: Buscamos el último virus. Está en una maleta *de verdad cerca de*l Monumento del Viajero.

Miguel Móvil: *Bueno*, el virus está escondido. Uds. nunca van a encontrarlo.

Manuel Mono: Ya veo la maleta de verdad. Está al lado de las esculturas de maletas. Paula Paraguas, *déme* la maleta

Paula Paraguas: *Tome* Ud. eso, ¡WHAMM, WHAMM! Mi paraguas me sirve como una *espada*.

Carlos Coquí: *Ya* tengo la maleta. Voy a *abrir*la.

Raúl Remoto: ¡VZZAT, VZZAT! Mi control remoto es muy *fuerte*. Ya tengo la maleta, Carlos Coquí.

Tomás Toro: *Párese*, Raúl. Soy *más fuerte que* Ud. ¡Soy Tomás Toro! ¡BAROOM, BAROOM!

Adriana Anillo: ¡SHZZZZAP! El rayo de mi *anillo lo paró*, Tomás Toro.

Carlos Coquí: Basta, Adriana. Queremos la maleta. Yo *les canto* una canción.

Narrador: La canción de Carlos Coquí *hipnotiza* a todos los *siniestros menos* a Bárbara Bastón.

Tomás Toro: Bárbara, *dénos* el código para abrir la maleta o Juanita Jaguar va a destruir*la*.

Bárbara Bastón: Ay, ay, le doy el código. No *quiero morir*. ¡El código es 0013! ¡AAAAARRGG!

Catalina Cóndor: Voy a entrar el código y abrir la maleta.

Juanita Jaguar: La maleta está abierta. ¡El virus se está desintegrando!

Todos los Invencibles: ¡Bravo! ¡Ya no hay ningún virus!

Narrador: Los Siniestros se escapan *volando* en el *paraguas* de Paula Paraguas.

Todos los Siniestros: Adiós, enemigos. ¡Vamos a México! ¡JA, JA, JA, JA, JA!

Preguntas / Contesta en español.
1. ¿Dónde están los dos grupos?
2. ¿Dónde *encuentran* la maleta de verdad?
3. ¿Cómo *abren* la maleta?
4. ¿Quién abre la maleta
5. ¿Cuáles son los números del código?
6. ¿Qué pasa con el virus?

Responde en español.
1. Di lo que pasa en esta escena.
2. ¿Cómo se escapan los Siniestros? ¿Adónde van?
3. ¿Quieres ser un miembro de los Invencibles? ¿Por qué?

Acto 1 Escena 1
¿crees? - do you believe?
al lado de - alongside of
aquí - here
bastón - cane
buscar - to look for
conseguir - to get
corriendo - running
¿debo? - should I?
di - say, tell
dice - says, tells
enojada - angry
envía - sends
esconder - hide
espere - wait
este - this
fuente - foutain
garra - claw
hace - are doing
haciendo - doing
jefe - boss
la - her
llamada - call
lo - it
lo siento - I am sorry
luchan - fight
mire - look
morir - to die
móvil - cell phone
para - stops
pegar - to hit
pie - foot
pierna - leg
pise - step on
poner - to put
quiere - she wants
recoger - pick-up
reloj - watch
rompiendo - breaking
sale - leaves
se acerca - approaches

seguir - to follow
sobre - envelope
su - her
suélteme - let go of me
tiene miedo - he is afraid
todas - all
toque - touch
veo - I see

Acto 1 Escena 2
¡qué! - what!
¿cómo? - how?
acercándome - approaching me
ahora - now
alas - wings
allá - over there
anchas - broad
basta - enough
carga - charge
correr - run
creer - believe
cuadras - paintings
da - he gives
debo - I should
dejar - leave
defenderse - to defend herself
deja caer - drops
dentro de - inside
desagradable - unpleasant
dice - does say
encontrar - to find
esconder- to hide
eso - that
esta -this
este - this
fuerte - strong
golpes - hits
grande - large
hay - there is
hoy - today
jugar - play
la - it

llega - arrives
lleva - he is carrying
lluvia - rain
lo bueno - the good part
lo malo - the bad part
lo más - the most
lugar - place
mala - bad
manda - sends
marco - frame
más fuerte - stronger
móvil - cell phone
noticia - news
oiga - listen
pintor - painter
pintura - painting
poder - power
poderosas - powerful
poner - put
porque - because
puedo - I can
que - that
recoge - picks up
se inclina - bends over
ser - being
sé - I know
suerte - luck
sus - her
tan - as
tan fuerte como - as strong as
tarjeta card
tiempo - weather
tome - take
vez - time
ya - already

Acto 1 Escena 3
abrir - open
agarrar - grab
ahora - now
al otro lado - on the other side
alguien - someone

asiento - seat
bajo - I am going down
barra - bar
barrio - neighborhood
bueno - OK
calles - streets
chicle - gum
churros - Spanish sweet pastry strips
cierra - closes, shuts
ciudad - city
coche - car
cola - tail
comiendo - eating
como - like
creando - creating
cumplir - fulfill
de repente - suddenly
dejar - leave
emocionada - excited
encontrar - to find
escaleras - stairs
escondido - hidden
espero - I hope
este - this
estresado - stressed out
fuerte - strong
hacia - toward
intenta - she tries
jefe - boss
la - you
la mano - my hand
lejos de - far from
llegar - to arrive
más fuerte que - stronger than
metro - subway
mono - monkey
no se preocupe - don't worry
oigo - I hear
parada - stop
paraguas - umbrella
pasajeros - passengers

puedo - I can
puertas - doors
que - that
quiere - he wants
rápidamente - quickly
rieles - tracks
ruido - noise
sale - he leaves
saltar - to jump
se abren - are opened
se da cuenta de que - to realize that
seguro - sure
semáforo - stop light
ser - being
sobre - above, on
Sol - Sun
techo - roof
todavía - still
toma - she takes
viento - wind
volando - flying
volar - fly

Acto 1 Escena 4
al lado de - alongside of
anillo - ring
boleto - ticket
botellita - little bottle
cambia de - he changes from
camina - walks
cerca de - near
comprar - to buy
conseguir - to get
corre- runs
corrida de toros - bull fight
de la tarde - in the afternoon
demasiado - too much
dice - says
empieza - it begins
encontrar - find
enojado - angry
envía - sends

fuerte - strong
hablando - speaking
hace - are doing
hacerme daño - to cause me harm
hacia - toward
hay - is there
la - her
la - you
llego - I arrive
más - more
más fuerte - stronger
móvil - cell phone
otro - another
pare - stop
poder - power
pronto - soon
quiero - I want
salir - to leave
sitio - place, site
su - her
suélteme - let me loose
temprano early
tienen - they have

Acto 1 Escena 5
al fin - at the end
Barça - team from Barcelona
contra - against
coquí - frog native to Puerto Rico
dañar- to harm
déme - give me
desapareció - disappeared
dice - he tells
echa - throws
el famoso - the famous one
en ninguna parte - anywhere
enfrente del - in front of
equipos - teams
estadio -stadium
fútbol - soccer
gente - people
hace - makes

juega - plays
le - to him
lengua - tongue
lo - him
lo - you
lo siento - I am sorry
otro - another
pare - stop
partido -game
poder - power
que - that
rana - frog
Real Madrid - team from Madrid
salió - left
sonido - sound
su - your
todavía - still
trae - bring
tubo - tube
ve - sees
veo - I see
volver - return
ya - now

Acto 2 Escena 1

aterriza - lands
bello - beautiful
brazo - arm
claro que-of course
comete - committs
con mucha rapidez - quickly
corbata - tie
cuello - neck
da - gives
dio - gave
enconrar - to find
esconde - to hide
ese - that
estrechas - narrow
feroz - ferocious
gusto - pleasure

intenta - he tries
izquierda - left
juro - I swear
la - you
llamada - call
llega - arrives
lleva - wears
llevando - wearing
los que - those who
me siento – I am sitting
móvil - cell phone
mesa - table
miedo - fear
no se burle - don't joke
oscuras - dark
parar - to stop
pare - stop
pata - paw
perdido - lost
poderosa - powerful
por aquí - around here
prismáticos - binoculars
qué susto - what fright
refrescos - refreshments
regresar - to return
ruido - noise
salta - she jumps
sangrando - bleeding
segura - sure
seguro que - sure that
ser - being
servilleta - napkin
se sentó - sat down
su - his
tatuaje - tattoo
techo - roof
toca - touches
tomando - taking
ver - see
¡viva! - long live!

Acto 2 Escena 2
¿a quiénes? – to whom
afuera – outside
al lado de – alongside of
alas – wings
aquí – here
busca – looks for
camarero – waiter
carga – charge
cerca de – near
cochinillo asado – suckling pig
contra – against
debajo de – underneath
empieza – begins
encontrar – find
eso – that
fuertes – strong
hace – he is doing
hambre – hunger
jefe – boss
la – you, it
lleva – he is wearing
lo – you
mesón – small restaurant
pajarita – bow tie
para – does stop
parar – stop
poder – power
por fin – finally
probar – try
rosada – pink
sabe - know
salir – to leave
se enoja – gets mad
se ha escapado – he has escaped
sobre – envelope
suélteme – let me go
tome – take
Tuit - Tweet
ve – sees

velocidad – speed
vestido de – dressed like
volar – to fly
ya – now

Acto 2 Escena 3
acaba de llegar – has just arrived
ahora – now
allí there
anillo – ring
asiento – seat
atrapada – trapped
bolígrafo – ball point pen
cada –each
cola – tail
dan – thye give
debajo de – underneath
encontrar – to find
encuentra – does find
esconder – to hide
estará – I wonder
fila – row
hacer un recorrido – to take a tour
la – her
la – you
le – to you
lugar – place
manda – sends
más – more
mensaje – message
mono – monkey
otro – another
párese – stop
premios – prizes
pudo – could
puede – can
que – than
revisar – to check
salón – room
verano – summer
ya – now

Acto 2 Escena 4
abre – opens
al lado de – alongside
avisarlo – to inform him
baja – lowers
boletos – tickets
bolígrafo – ball point pen
bolso – purse
buscando – looking for
cabeza – head
cada – each
camina por – walks around
cola – line
compré – I bought
conozco – I know
consigue – gets
contiene – contains
contra – against
cornea – gores
creer – believe
cuánta suerte – how lucky
debo – I should
deprimida – depressed
entrada – entrance
esconde – does he hide
esconder – to hide
espero – I wait
estas – these
fortaleza - fortress
gente – people
golpear – to hit
hora de la verdad – moment of truth
inmóvil – immobile
irías – you would go
larga - long
leer – read
león – lion
llaves - keys
lugar – place
manda – sends

mientras – while
otra vez – again
paraguas – umbrella
pata – hoof
perdí – I lost
piensa – thinks
poder – power
poderoso – powerful
poner – to put
pudieras – you could
puede – it may be
que – that
queda – he remains
se acerca a – approaches
se pone – he puts himself
seguir – follow
sigue – follows
sur – south
tanta – so many
tierra – ground
toca – touches
toma – takes
toro – bull
trata de – tries to
Tuit - Tweet
venta – sales
ver - to see
volar - fly

Acto 2 Escena 5
a lo menos – at least
aficionado – fan
anoche – last night
basta – enough
bastón – cane
boletos – tickets
cae – falls
canción – song
cansada – tired
cantando – singing
cantar – to sing

cerca de – near
ciudad – city
coche – car
comprarme – buy myself
coquí – frog of Puerto Rico, symbol of Puerto Rico
dejar – leave
dentro de – inside
dolor de cabeza – head ache
dormí – I slept
dormirse – to fall asleep
empieza a – begins
encondió – did hide
encontrar – to find
engañar – to deceive
entiendo – I understand
escaleras – stairs
esconderme – to hide myself
ese – that
esperar – hope
esta – this
esté – I may be
flores – flowers
fue – did go
fuertemente – strongly
gente – people
golpea – hits
hasta – up to
joven – teenager
jugaba de – he used to play as
la – it
llamo – I call
llega – arrives
llevando – carrying
lo – him
lo – you
me siento – I feel
me voy – I am going
mujer – woman
otra vez – again

parada – stop
partido de fútbol – soccer game
pensamos – we think
perdiendo – losing
puesto – stand
¡qué! – how, what a!
quizás – perhaps
Ramblas – outdoor shopping area in Barcelona, avenues, streets
ramo – boquet
rápidamente – quickly
salto – I'll jump
saltó – jumped
salvar – save
se cayó - fell
sorprendió – it surprised
subiendo – climbing
suelo – ground
sueño – sleep
también – also
tan – so
tanto – so much
tomar el metro – to take the subway
veo – I see
viva – long live

Acto 3 Escena 1
al lado de – alongside of
allí – there
barrio – neighborhood
calle – street
caminando – walking
cerca – near
como – as
corro – I run
decírselo – tell it to you
encontrar – to find
enemigo – enemy
entre – between
esconder – to hide
escritor – writer

grita – shouts
ha escondido – has hidden
juro – I swear
le – to you
letras – letters
llamada – call
lo – you
luego – then
lugar – place
¡mucho cuidado! – be careful!, lots of care!
otro – another
para – in order to
plaza – square
poner – to put
por - by
que – that
sé – I know
testigo – witness
veo – I see
vuelvo – I'll return
ya – now

Acto 3 Escena 2
ala – wing
allí – there
aprieta – tightens
cae – falls
camiseta – T-shirt
cayendo – falling
corriendo – running
¡cuánta suerte! – how lucky!
debes – you should
dejar – to leave
dentro de – within
desde – from
dibujo – drawing
emplumada – feathered
encima de – on top of
eso – that
espero - I hope

esperar – to wait for
estanque – pond
estoy llevando – I am carrying
gafas del sol – sun glasses
gana – wins
ganó – he won
hace muchos años – many years ago
hacer – do
hacia – toward
llega – arrives, is arriving
lleva – wears, is wearing
luces – lights
matar – to kill
me pongo – I put myself
metro – subway
mientras – while
mundo – world
patada – kick
perdió – lost
pienso – I intend
ponen – they put
poner – to put
puedo – I can
¡qué vista! – what a view!
quiere – wants
sabe – does know
sale – leaves
sentarme – sit down
suelo – ground
tiene éxito – does have success
tome – take
vaqueros – blue jeans
ver – to see
vivieron – lived
volando – flying
volar – fly

Acto 3 Escena 3
atrapada – trapped
biblioteca – library
buscar – to look for
cola – tail

©2021, Alsop Enterprises

contesta – answers
corriendo – running
cuaderno – notebook
décimo – tenth
déme – give me
e – and
encontrar – to find
enfrente de – in front of
esconder – to hide
fresco – cool
gente – people
hacer daño - to do harm
hacia – toward
la – her
lugar – place
manzana – city block (in Madrid)
más fuerte – stronger
mono - monkey
paraguas – umbrella
paran – stop
peligrosa – dangerous
veo – I see
volando – flying
Acto 3 Escena 4
abrir – open
acercándose a – approaching
antigua – old
aquí – here
bastón – cane
bolso – purse
bueno – OK
cartera – wallet
claro que – of course
cola – tail
como si – as if
¿conoces? – do you know?
corre – runs
corridas de toros – bullfights
cuernos – horns
¡cuidado! – be careful

de repente – suddenly
dejarla – to leave it
doy – I give
esa – that
esconder – to hide
estoque – sword
estuvieran – they were
fuera – it were
gente – people
golpe – hit
golpea – hits
grande – large
hace muchos años – many years ago
hacia – toward
hay – there are
informantes – informers
llega – arrives
los – them
más fácil – easier
matador – bullfighter/killer
Mayor - Main, Old
miran – look at
misma – same
oye – listen
pelando – fighting
peligrosos – dangerous
piensa – intends
pienso – I intend
Plaza - Square
poderes - powers
poderoso – powerful
poner – to put
próxima vez – next time
que – that
¡qué suerte! - how lucky!
recoger – pick-up
se cae - falls down
se comportan – behave
señora – lady
será – it will be

sigo – I'll follow
sigue – continues
siguen – continue
sobre – above
suelo – ground
tanta – so many
¿te gustaría? – would you like?
¡Ten cuidado! Be careful!
toda – all
tomaron lugar – took place
tomo – I take
ver – see

Acto 3 Escena 5
abren – do they open
abrir – to open
al lado de – alongside of
anillo – ring
bueno – OK
buscan – are looking for
canto – I'll sing
cerca de – near
código – code
déme – give me
dénos – give us
de verdad - real
encuentran – do they find
esconder – to hide
eso – that
espada – sword
estación – station
fuerte – strong
grande – large
hipnotiza – hypnotizes
la – it
les – to you
llamada de conferencia – conference call
lo – you
maleta – suitcase
menos – except

morir – to die
ningún – no, not any
paraguas – umbrella
parada- stop
párese – stop
paró – stopped
por – by
quiero – I want
siniestros – sinister ones
tome – take
último – last
valerosos – valiant
viajeros – travelers
volando – flying
ya – now

Los Invencibles/ Las Respuestas- Acto 1 / Escena 1
Preguntas
1. Bárbara Bastón y Juanita Jaguar están en El Parque del Retiro en Madrid.
2. El jefe de La Liga de Paz le llama a Juanita. Juanita Jaguar le dice que ella ve a Bárbara Bastón y va a seguirla.
3. Bárbara Bastón quiere poner el virus en el parque al lado de la fuente.
4. Un hombre llega a la fuente.
5. Juanita Jaguar está enojada porque Bárbara empieza a pegarla.

Responde
1. Open ended.
2. Juanita Jaguar no está contenta porque Bárbara Bastón se escapó.
3. Open ended
4. Open ended

Acto 1 / Escena 2
Preguntas
1. En Madrid es un día desagradable con mucha lluvia.
2. Diego Velázquez es el pintor favorito de Catalina.
3. Ellos están en El Museo del Prado.
4. Miguel va a poner el virus en el marco de la pintura, **Las Meninas**.
5. Catalina se convierte en un condor grande.
6. Tiene las alas anchas y poderosas.

Responde
1. Open ended.
2. Miguel dice que tiene mala suerte porque Catalina Cóndor también está en El Museo del Prado.
3. Catalina le dice que lo bueno es que ella tiene el virus pero lo malo es que Miguel se escapó.
4. Open ended
5. Open ended

Acto 1 / Escena 3
Preguntas
1. Paula Paraguas va a La Puerta del Sol, una parada en el metro.
2. Manuel Mono está comiendo churros con chocolate.
3. Manuel llega al Metro Sol muy rápido porque se convierte en un mono y usa su cola.
4. Paula va a poner el virus en el asiento de un coche del metro.
5. Paula esconde el virus en un paquete de chicle.
6. Paula se escapa volando con su paraguas.

Responde
1. Open ended
2. Open ended
3. Paula Paraguas tiene el virus pero Manuel Mono consigue el virus al final.
4. Open ended
5. Open ended

Acto 1 / Escena 4
Preguntas
1. Adriana Anillo está al lado de la estatua de Yiyo.
2. Adriana va a poner la botellita de virus cerca de la estatua enfrente de La Plaza de Toros en Ventas.
3. Adriana quiere ver la corrida de toros.
4. Adriana Anillo le da un poco de electricidad de su anillo.
5. Adriana Anillo sale corriendo de la estatua.

Responde
1. Open ended.
2. Tomás Toro está enojado porque recibe un poco de electricidad.
3. Open ended
4. Open ended
5. El mensaje de texto dice que Tomás Toro tiene la botellita de perfume con el virus pero no tiene a Adriana Anillo.

Acto 1 / Escena 5
Preguntas
1. Carlos Coquí quiere ver el partido de fútbol.
2. Real Madrid juega contra Barça.
3. Carlos Coquí quiere hablar con Raúl Remoto.
4. Raúl trae un tubo de gel antibacterial para las manos.
5. Raúl Remoto le echa un sonido láser a Carlos Coquí.

Responde
1. Open ended
2. Carlos Coquí usa su lengua.

3. Su control remoto le hace a Raúl invisible.
4. Raúl Remoto todavía tiene el gel con el virus al fin de la escena.
5. Open ended

Acto 2 / Escena 1
Preguntas
1. Juanita Jaguar y Miguel Móvil están en Toledo, España.
2. Miguel tiene un tatuaje en el cuello.
3. Miguel está perdido porque las calles son estrechas y oscuras.
4. Miguel va a usar un App en su móvil.
5. Miguel está sangrando porque Juanita Jaguar es muy feroz y poderosa. Ella hiere (wounds) a Miguel con su pata.

Responde
1. Open ended
2. La corbata es amarilla.
3. Miguel intenta darle una carga electrónica.
4. Open ended

Acto 2 / Escena 2
Preguntas
1. Son las dos de la tarde.
2. Trabaja en el restaurante famoso, Mesón de Cándido. Es camarero.
3. La pajarita de Raúl Remoto es rosada.
4. Catalina Cóndor ataca a Raúl Remoto con alas fuertes.
5. Catalina Cóndor encuentra el virus virulento debajo de una mesa que está cerca del acueducto.
6. Raúl Remoto se ha escapado.
7. Catalina Cóndor quiere capturar a La Liga Siniestra.

Responde
1. Open ended
2. Raúl Remoto ataca a Catalina Cóndor con una carga eléctrica.
3. Open ended
4. Open ended
5. Open ended

Acto 2 / Escena 3
Preguntas
1. Manuel Mono y Adrián Anillo están en la Universidad de Alacalá.
2. El Jefe le dice a Manuel Mono que Adriana Anillo está en La Universidad de Alacalá.
3. Adriana Anillo esconde el virus en el salón donde dan los *Premios Cervantivos*.
4. Manuel Mono encuentra el virus en Fila C, Asiento 8.
5. Adriana Anillo se escapa con el virus.

Responde
1. Open ended
2. Adriana Anillo no puede moverse porque la cola de Manuel Mono la tiene atrapada.
3. Open ended
4. Open ended
5. Open ended

Acto 2 / Escena 4
Preguntas
1. Este episodio toma lugar en Granada, España en La Alhambra.
2. La Alhambra era (was) el palacio y fortaleza de los moros.
3. El Jefe de La Liga de Paz le manda a Tomás Toro un Tuit.
4. Paula lee un libro de historietas.
5. Tomás consigue el virus atacando a Paula. Cornea la mano de Paula.
6. Paula esconde el virus en las

llaves al lado de una estatua de un león.
Responde
1. Open ended
2. Paula escondió el virus al lado de una estatua de un león en El Patio de Los Leones en La Alhambra.
3. Tomás tiene suerte porque conoce a alguien que trabaja en la venta de boletos en la Alhambra.
4. Open ended
5. Open ended
Acto 2 / Escena 5
Preguntas
1. Carlos Coquí es muy aficionado al fútbol.
2. El arquitecto famoso de Barcelona es Antoni Gaudí.
3. Carlos usó su voz para cantar una canción muy hipnótica.
4. Bárbara Bastón escondió el virus en un puesto de flores.
Responde
1. Open ended.
2. Bárbara va a la parada Catalunya.
3. Bárbara tiene sueño porque la voz de Carlos Coquí es muy hipnótica.
4. Open ended.
Acto 3 / Escena 1
Preguntas
1. Juanita Jaguar está caminando por la Calle de Huertas en el Barrio de las Letras.
2. Raúl Remoto está en la Plaza de Santa Ana.
3. Raúl Remoto esconde el virus al lado de la estatua de Calderón de la Barca.
4. Raúl Remote esconde el virus en las páginas del libro **La vida es sueño**.
5. Sí, Raúl Remoto se escapa de Juanita Jaguar.
Responde
1. Open ended
2. Juanita Jaguar no está paralizada porque corre muy rápido. Su rayo no la paralizó.
3. Open ended
4. Open ended
5. Open ended
Acto 3 / Escena 2
Preguntas
1. Catalina Cóndor debe ir a la Plaza de España.
2. Miguel Móvil va a poner el virus en la estatua de Don Quijote a los pies de Rocinante, el caballo de Don Quijote.
3. Miguel lleva vaqueros y una camiseta con un dibujo de Tomás el Tren.
4. Catalina espera la llegada de Miguel encima de la estatua de Miguel de Cervantes.
5. No, Miguel Móvil no tiene éxito en destruir el mundo porque la policía usa químicas para matar el virus.
Responde
1. Open ended
2. Catalina está en Madrid.
3. No hay gente en la Plaza de España porque son las dos de la tarde, la hora de comer.
4. Open ended
5. Open ended
Acto 3 / Escena 3
Preguntas
1. Es un día fresco del otoño.
2. Mucha gente está visitando la Biblioteca Nacional.
3. Paula Paraguas está enfrente de la

Biblioteca Nacional.
4. Paula esconde el virus en un cuaderno al lado de la estatua de Miguel de Cervantes.
5. Sí, se escapa Paula Paraguas. Ella tiene el virus.
Responde
1. Open ended
2. Sí, Paula puede volar con su paraguas.
3. Paula Paraguas es peligrosa porque su paraguas es muy fuerte y puede volar.
4. Open ended
5. Open ended

Acto 3 / Escena 4
Preguntas
1. La Plaza Mayor está en Madrid.
2. Hace muchos años las corridas de toros tomaron lugar en la Plaza Mayor.
3. La estatua es de Felipe III (Tercero).
4. Va a ser más fácil esconder el virus porque hay mucha gente y acción.
5. Bárbara esconde el virus en una cartera y la deja en la estatua de Felipe III.
Responde
1. Open ended
2. La cartera se cae al suelo porque Tomás golpea la mano de Bárbara con su cola.
3. Los turistas los miran como si estuvieran en una corrida de toros.
4. Open ended
5. Open ended

Acto 3 / Escena 5
Preguntas
1. Los dos grupos están en Atocha, una estación de tren.
2. Encuentran la maleta de verdad al lado del Monumento al Viajero.
3. Abren la maleta entrando un código.
4. Catalina Cóndor abre la maleta.
5. Los números son 0013.
6. El virus se está desintegrando.
Responde
1. Open ended
2. Bárbara Bastón les da el código porque Juanita Jaguar va a destruirla.
3. Los Siniestros se escapan volando en el paraguas de Paula Paraguas. Van a México.
4. Open ended

Made in the USA
Middletown, DE
27 April 2022